Anselme Polycarpe Batbie

La Liberté économique dans la législation

Essai

ISBN : 978-1717390585

10 9 8 7 6 5 4 3 2 1

Anselme Polycarpe Batbie

La Liberté économique dans la législation

Essai

Table de Matières

La Liberté économique dans la législation

Depuis plusieurs années, chaque session législative emporte quelque loi vieillie, et il y aurait injustice à ne pas reconnaître que ces remaniements sont généralement inspirés par un esprit favorable à la liberté. Un jour, la contrainte par corps est abrogée comme contraire au respect dû à la personne humaine ; un autre jour, les vieux cadres de la législation sur les sociétés sont élargis pour faire place à de nouvelles associations. Or faut-il nier les avantages de la liberté en matière économique parce que la liberté politique ne marche point du même pas ? D'illustres exemples ont prouvé qu'on peut être libéral en politique et ne l'être point en fait de commerce international. Les États-Unis ne nous montrent-ils pas un peuple politiquement libre pratiquant des tarifs protecteurs jusqu'à la prohibition ? N'a-t-on pas au contraire raillé le libre échange parce qu'il avait eu la bonne fortune, singulière en apparence, d'être admis par les états les moins libéraux ? Mais la science économique n'est pas la doctrine d'un parti politique, c'est un enchaînement de vérités qui ne connaissent ni latitude ni régime constitutionnel, et qui font sentir leur action sur tous les gouvernements, monarchie, aristocratie ou démocratie. Les économistes ne font pas plus un parti politique que les physiologistes ou les physiciens. Ils comptent dans leurs rangs des hommes de toutes les nuances, et sont aussi unanimes sur les propositions fondamentales de leur science qu'ils se montrent divisés sur les questions de gouvernement. Ces observations nous ont été inspirées par la lecture de la discussion des lois sur les sociétés commerciales et sur l'abolition de la contrainte par corps. A chaque page se trouvent des récriminations contre le régime politique transformées en objections contre la liberté industrielle. Là n'était pas la place de ces discours ; il fallait les réserver pour des occasions meilleures qui ne tarderont pas à s'offrir. C'est au point de vue de la législation et de l'économie publique, et à ce point de vue seulement, que nous nous placerons pour étudier les lois qui sont venues récemment modifier plusieurs dispositions fort anciennes de nos codes. Ces changements ont d'un côté excité des frayeurs qui, selon nous, sont vaines, et de l'autre soulevé des résistances politiques inopportunes. Nous ne croyons pas que ces lois soient irréprochables, et nous nous proposons d'en signaler les imperfections ; mais la justesse dans les motifs a, en matière de critique, autant d'importance que l'exactitude des conclusions. Aussi tâcherons-nous dans ce qui va suivre de nous soustraire aux terreurs chimériques et aux passions de parti pour nous renfermer dans les limites d'un examen équitable.

Pour mesurer la portée de la loi sur les sociétés commerciales, il faut montrer la série des combinaisons ou catégories de sociétés que le mouvement des intérêts a successivement créées. Nous verrons ainsi se dérouler la genèse des nouvelles dispositions. A l'origine, les hommes qui réunissaient leurs capitaux ou leur industrie dans une entreprise commune ont engagé solidairement tous leurs biens dans l'association. La responsabilité de chacun des associés et la garantie offerte aux tiers qui contractaient avec eux étaient donc aussi étendues que possible. Cette manière de se grouper convenait à des sociétés formées d'un petit nombre de membres qui se connaissaient tous et se surveillaient réciproquement. Peut-être aussi au début était-il nécessaire, pour habituer le public à l'idée nouvelle et abstraite de société, de lui offrir des débiteurs qui répondissent des obligations de l'être moral comme de leurs propres engagements. Chez les peuples les plus avancés, cette forme de l'association a continué de jouir d'une certaine faveur, et a souvent été considérée comme propre à augmenter la solidité du crédit d'une société. A quelque époque d'ailleurs qu'on la prenne, on voit qu'elle n'a jamais été employée que pour des affaires peu importantes. Suffisante dans les commencements, lorsque les entreprises n'avaient qu'une médiocre étendue, elle n'a pas depuis augmenté de puissance, et ne s'applique guère aujourd'hui qu'au négoce moyen. On la retrouve encore partout sous des noms différents ; nous l'appelons en France *société en nom collectif*.

La société que nous venons de décrire mettait hors du commerce et de l'industrie l'ordre le plus puissant dans l'état, parce qu'on ne pouvait y entrer sans faire acte de négoce et par suite sans déroger, ce qui entraînait la perte de la noblesse. Il devint cependant possible aux gentilshommes de participer à des opérations commerciales, grâce à une seconde combinaison qui leur permît de s'intéresser aux affaires sans y mêler leur personne, ni faire œuvre de roture. Ils devinrent les commanditaires, c'est-à-dire les bailleurs de fonds d'entrepreneurs qui étaient seuls tenus à l'égard du public, mais avec lesquels ils entraient en compte. Il n'y avait que leur mise d'engagée dans l'affaire, et, celle-ci venant à mal tourner, aucun recours ne pouvait atteindre le reste de leurs biens. Les créanciers n'avaient pour gage que le capital social et l'obligation illimitée de l'associé en nom ou gérant. Cette espèce d'association ne servit pas seulement aux gentilshommes préoccupés de ne pas déchoir, elle fut employée par les capitalistes timides qui, redoutant les aventures, ne voulaient risquer dans certaines affaires que des sommes limitées. Cette société a été appelée *commandite*.

Le développement du commerce et de l'industrie dans les grands états créa des affaires considérables et hors de proportion avec les fortunes des particuliers. De quoi servait la garantie même solidaire d'associés même riches pour des entreprises qui portaient sur des centaines de millions ? Cette responsabilité ne pouvait pas rassurer les tiers, et d'ailleurs où trouver un gérant sérieux qui consentit à répondre d'engagements disproportionnés avec sa fortune ? La force des choses amena donc à supprimer le gérant commandité et indéfiniment responsable pour le remplacer par un mandataire, administrateur ou directeur, faisant les affaires des associés sous la surveillance d'un conseil élu par eux et chargé du contrôle. Comme personne ne figurait plus en nom dans la raison sociale, cette société fut appelée *anonyme* chez nous, et, comme tous les associés n'étaient tenus que pour une somme déterminée, les Anglais l'ont nommée société à responsabilité limitée (*limited liability*). — Solidarité, commandite, anonymat, telles sont les combinaisons qui jusqu'à ces dernières années ont été pratiquées, et, un très long temps s'étant écoulé sans qu'une manière nouvelle de grouper les capitaux vînt s'ajouter à celles-là, on avait été porté à croire que la liste était close, et qu'il était impossible d'élargir le cercle. D'excellents esprits soutiennent même encore qu'il n'y a pas à en sortir, et que toute tentative de nouveauté est d'avance condamnée à l'insuccès.

Le législateur, suivant en cela une méthode qu'il avait adoptée plus d'une fois, est intervenu non-seulement pour fermer la nomenclature, mais aussi pour réglementer les sociétés admises par la pratique. Dans les sociétés en nom collectif et dans la commandite, il a exigé qu'un extrait de l'acte de société fût publié au greffe du tribunal et dans les journaux d'annonces judiciaires, que toute modification introduite soit dans le chiffre du capital, soit dans les statuts, fût de la même manière portée à la connaissance du public. Ces formalités, prescrites à peine de nullité, n'étaient pas une dépense sérieuse pour les sociétés importantes ; mais elles constituaient une charge assez lourde pour les petites associations, surtout pour celles qui se formaient en tâtonnant, et reconnaissaient presque immédiatement après le début la nécessité de se modifier. Cependant, de quelque taille que fût l'entreprise, elle devait se soumettre aux mêmes conditions. Que d'associations pourtant auraient eu de la peine à supporter les frais qui résultent de l'obligation de faire connaître, soit par l'affiche d'extraits au greffe, soit par l'insertion dans les journaux, les plus petits changements dans le capital ou le personnel ! Ceux qui ont l'habitude de jouer avec les gros chiffres trouveront sans doute notre préoccupation singulière, D'aussi insignifiantes dépenses valent-elles la peine qu'on en parle ? Rien n'est insignifiant pour les modestes ressources, et il ne faut pas retourner l'égalité devant la loi contre ceux qui n'ont pas le moyen de supporter une égalité onéreuse. Quant à la société anonyme, elle a été particulièrement tenue en défiance. Comme dans ces compagnies qui maniaient des capitaux considérables la responsabilité n'était nulle part, on crut nécessaire de soumettre cette espèce de société à l'autorisation préalable. Le gouvernement fut chargé d'examiner les statuts des compagnies anonymes, et, lorsqu'une entreprise ne lui paraîtrait pas offrir des chances de prospérité suffisantes, de l'empêcher de se former ; ceux qui commençaient les opérations avant d'avoir obtenu le décret d'autorisation étaient tenus solidairement envers les créanciers et pour le montant intégral des dettes, eussent-ils stipulé dans l'acte de société qu'ils ne s'engageaient que jusqu'à concurrence de leur mise. Quel but se proposait le législateur en réglementant l'association avec tant de sévérité ? Son intention était bonne assurément ; il voulait défendre contre la fraude ou l'erreur ceux qui auraient à traiter avec des sociétés, et à la fois développer l'action de celles-ci en supprimant les causes de défiance qui pourraient s'opposer à leurs progrès. Croire, comme certains écrivains l'ont affirmé, que les rédacteurs de nos lois ne se sont inquiétés que de protéger le public ignorant ou crédule, ce serait réduire de moitié la pensée qui les a guidés. Ils ont certainement été convaincus que les mêmes dispositions prépareraient l'extension des sociétés. Elles donneront, se disaient-ils sans doute, une publicité légale aux documents qui permettent de décider sur le sérieux d'une affaire, et lui concilieront la confiance des capitalistes indécis. Ce double but a-t-il été atteint ? Il serait téméraire de l'affirmer. C'est une présomption singulière de croire qu'il suffit d'édicter un règlement pour arrêter arbitrairement la volonté des parties. Les affaires les moins recommandables ont passé à travers les mailles de la loi, et l'événement a prouvé que les formalités ne pouvaient préserver ni les simples d'esprit ni les pauvres gens. Soutiendra-t-on que les dupes auraient été plus nombreuses, si aucun frein n'avait existé ? Cela est loin d'être prouvé, et même cela est peu probable. Les entrepreneurs d'affaires véreuses ont très vite appris l'art de s'accommoder des conditions exigées par la loi sur la commandite. D'un autre côté, qui nous dira le nombre des affaires honnêtes que ces précautions ont arrêtées en leur imposant des charges hors de proportion avec l'importance des petites entreprises ? L'autorisation préalable exigée pour l'anonymat a également été éludée par ceux qui ne pouvaient pas affronter les regards du conseil d'état. Il suffisait pour cela de mettre à la tête de la société un gérant tenu pour le tout, mais n'ayant aucune responsabilité réelle, un de ces hommes enfin que la malice populaire a nommés *gérants de paille*. Le commandité sans doute était obligé sur tous ses biens et même par corps ; mais en quoi cet engagement pouvait-il augmenter la sécurité des créanciers ? Il créait seulement l'embarras d'un gérant qui pouvait faire payer cher ses services, et en cours d'opérations pratiquer quelqu'une de ces manœuvres habituelles aux gens déclassés, telle d'ailleurs qu'on pouvait en attendre du personnage qui acceptait un rôle pareil. Ce qui était l'accessoire devenant le principal, le gérant n'ayant rien et les bailleurs de fonds fournissant tout, la division du capital en actions a été adaptée à la commandite altérée pour faire sans autorisation de véritables sociétés anonymes. Il y eut des abus et des scandales. L'émotion du public se communiqua au législateur. La commandite par actions fut étroitement bridée par la loi du 17 juillet 1856, tellement qu'elle eut de la peine à marcher. Effrayés par la responsabilité mise à leur charge, les hommes sérieux évitèrent les conseils de surveillance et en abandonnèrent les places à ceux qui, n'ayant que peu à perdre, n'avaient presque rien à redouter. A force de garantir le public, on étouffa les bonnes affaires, on craignit tant les fripons qu'on mit en fuite les gens honnêtes, on fit tant pour effrayer les coquins qu'ils restèrent, au moins provisoirement, maîtres de la place. Au reste l'anonymat n'était applicable qu'aux entreprises grandes et durables. Qui aurait eu l'idée de mettre en mouvement le conseil d'état pour examiner une société de petite importance et de courte durée ? Cette forme de société n'était donc accessible qu'à quelques grandes institutions que l'administration jugeait dignes d'encouragement ; l'autorisation était même recherchée par les fondateurs comme une sorte d'attache officielle propre à faire venir la confiance du public, toujours bien disposé pour tout ce qui porte l'estampille du gouvernement. Les autres affaires ne pouvaient, parce qu'elles étaient trop petites, profiter des avantages de la responsabilité limitée, inhérente à l'anonymat.

En 1860, l'action du traité de commerce avec l'Angleterre se fit sentir sur la législation en matière de sociétés. On avait souvent objecté contre la liberté des échanges internationaux que notre code de commerce rendait la concurrence difficile avec un pays où les conventions avaient une plus grande latitude. De l'autre côté du détroit, disait-on, les capitaux peuvent s'associer avec beaucoup plus de facilité que chez nous, puisqu'on n'a besoin ni d'autorisation préalable ni d'incorporation par *bill* pour les réunir avec la clause de responsabilité limitée : cela seul crée à l'industrie anglaise une supériorité que la nôtre aura de la peine à neutraliser. Le gouvernement fit de cette objection contre la liberté commerciale une occasion pour la développer, et proposa le projet qui devint la loi du 23 mai 1863. L'autorisation préalable était supprimée pour les sociétés à responsabilité limitée, à condition toutefois qu'elles se conformeraient aux dispositions de la nouvelle loi, car, en ouvrant à la liberté la porte un peu plus grande, celle-ci n'en avait pas moins la prétention présomptueuse de prévenir les abus et de garantir le public contre la fraude.

Tout en reconnaissant que la loi de 1863 fut un progrès, il est difficile de ne pas sourire en lisant les dispositions restrictives dont elle accompagne son mouvement vers la liberté. Un article exige d'abord qu'il y ait au moins sept associés. Par quelle raison tirée de la vertu des nombres ce chiffre fut-il adopté ? Il est vrai qu'il figurait déjà dans la loi anglaise ; mais admirez la contradiction ! Dans l'intérêt de la Banque d'Angleterre, les Anglais ont défendu l'émission des billets à toute société qui compte plus de six membres. Ainsi chez nous il faut plus de sept membres pour constituer une société viable, et de l'autre côté du détroit les sociétés qui comptent sept membres ou plus semblent mises en suspicion, et on leur inflige une clause restrictive de leur action commerciale. On cherche en vain les motifs qui ont guidé nos législateurs. Est-ce pour avoir une assemblée générale et un conseil de surveillance que le chiffre de sept membres a été exigé ? Il est certain qu'à deux on ne formerait pas une assemblée générale bien imposante ; mais nous n'apercevons pas la nécessité de cet appareil, et on aurait pu le réserver pour le cas où il y aurait eu plus de sept associés, sans pour cela interdire les associations modestes de cinq, quatre, trois ou même deux personnes. L'assemblée est plus générale, si les deux membres dont se compose la société sont présents, que ne le serait une réunion de cinquante associés sur cent. Quant au conseil de surveillance, une association de deux personnes n'en a pas besoin.

La division du capital en actions était également réglementée. Si le total ne dépassait pas 200,000 francs, la coupure pouvait descendre jusqu'à 100 francs ; mais au-dessus de 200,000 francs l'action devait être d'au moins 500 francs. Enfin le capital d'une société à responsabilité limitée ne pouvait pas dépasser 20 millions. Pour aller au-delà, il aurait fallu demander l'autorisation du conseil d'état. On entendait ainsi protéger les petites bourses contre les entreprises hasardées. En grossissant la somme, on espérait que l'épargne de l'ouvrier ne pourrait pas être pompée, et que les sociétés à responsabilité limitée n'auraient d'affaires qu'avec des personnes capables de se conduire et de traiter en connaissance de cause. La précaution était vaine. L'expérience avait démontré qu'à la caisse d'épargne beaucoup de dépôts appartenant à des gens de service s'élevaient au-dessus de 200 francs, et atteignaient même le maximum de 1,000 francs. Les obligations et actions des chemins de fer n'étaient-elles pas pour un très gros chiffre entre les mains d'ouvriers économes ? De quoi servait-il de limiter les coupures à 100, même à 500 francs ? Ce qui était tout à fait bizarre, c'était la limitation du capital total à 20 millions. Par quelle transformation secrète une affaire qui n'offrait aucun danger jusqu'à 20 millions devenait-elle dangereuse dès que cette somme était dépassée ? Le chiffre de 20 millions était-il donc une sorte d'équateur du monde financier après lequel tout changeait dans l'atmosphère industrielle ? Nous n'avons jamais lu cette disposition sans nous rappeler la vieille explication de l'ascension barométrique. La nature, disaient les physiciens avant Toricelli et Galilée, a horreur du vide jusqu'à 32 pieds. Est-ce que, par une tendance analogue, le législateur n'avait horreur de l'anonymat libre qu'au-dessus de 20 millions ?

Les entraves du code de commerce, l'altération de la commandite pour éviter la permission administrative, les difficultés de l'autorisation préalable pour constituer une société anonyme, les rigueurs outrées de la loi du 17 juillet 1856 sur les sociétés en commandite par actions, les limitations arbitraires, pour ne pas dire étranges, de la loi du 23 mai 1863, c'étaient autant de raisons qui demandaient un remaniement de la législation sur les sociétés. Un fait nouveau, qui ne pouvait rentrer dans aucune des clauses de la loi, rendait ce besoin plus impérieux encore : c'était la coopération. Elle avait déjà pris une extension considérable à l'étranger, notamment en Angleterre et en Allemagne, et dans ces dernières années elle était devenue chez nous un fait social assez important pour qu'on ne pût pas se dispenser d'en tenir compte. Il est vrai, comme on l'a souvent dit, que la coopération n'est qu'une application du principe d'association ; mais il est incontestable aussi que cette société se présente avec des conditions particulières qui ne lui permettraient pas de se mouvoir à l'aise dans notre législation sur les sociétés. Les sociétés coopératives étaient impraticables tant qu'on exigeait d'elles l'obligation d'avoir un capital et un personnel déterminés et celle de publier tous les changements qui pourront survenir en cours d'opérations dans le capital ou le nombre des associés. Les ouvriers se déplacent suivant les besoins des chantiers ; il faut donc qu'ils puissent quitter une société de consommation ou de crédit avec la même facilité que s'ils se retiraient d'une société de secours mutuels. Si, pour constater ces changements, une association coopérative était obligée de faire les frais d'une publication au greffe et aux annonces judiciaires, elle serait écrasée par ces dépenses minimes, mais incessantes. Il fallait donc créer des dispositions nouvelles pour faciliter la formation de cette société à personnel mobile et à capital variable. Les avis exprimés dans ce sens devant les commissions d'enquête sur le taux de l'intérêt, sur la coopération et surtout les progrès du mouvement coopératif, ont décidé le gouvernement à proposer et le corps législatif à voter un chapitre spécial sur les sociétés à capital variable.

La loi du 24 juillet 1867 a, pour les sociétés anonymes, supprimé la limitation du capital à la somme de 20 millions ; mais, en abrogeant l'autorisation préalable, elle n'a pas rompu complètement avec le système des précautions préventives. Plusieurs des restrictions qu'avait établies la loi de 1863 ont été conservées ; les lisières sont allongées, non coupées. Le nombre de sept associés est toujours de rigueur pour que la société anonyme puisse être constituée. Il y aurait nullité, si l'acte était fait entre six personnes seulement, alors même que ces capitalistes apporteraient une somme supérieure à celle qui serait fournie par sept associés moins riches. Un million de francs mis en société par six personnes n'aurait pas la même vertu que 100,000 francs apportés par sept. C'est la loi, et il faut s'incliner. La loi n'est-elle pas toute-puissante pour se faire obéir ? Même singularité pour la division du capital. Si le capital est inférieur à 200,000 francs, la coupure de l'action ne peut pas descendre au-dessous de 100 francs, et, s'il est supérieur, le chiffre de 500 francs par action est de rigueur. Est-ce toujours en vue-de mettre en garde les petites bourses contre les spéculations trop audacieuses ? Le chiffre de 100 francs, dont le quart seulement est exigible pour commencer, est accessible aux économies les plus modestes. Les actions et obligations des chemins espagnols s'étaient placées en grande partie chez les déposants aux caisses d'épargne. Que de gens de service ont eu à déplorer, en regardant leurs titres stériles, *qu'il n'y ait plus de Pyrénées*, et que ce soient nos capitaux qui aient fait les frais des hasardeuses entreprises de nos voisins ! Fixer le chiffre de l'action est donc une précaution vaine qui ne protège personne et une entrave qui peut arrêter des affaires sérieuses. Alors même que cette clause ne serait pas réellement gênante, elle est arbitraire et n'a pas de raison d'être.

La suppression de l'autorisation préalable du gouvernement est sans doute une mesure fort libérale. C'est un grand progrès que la substitution d'une légalité, même sévère et étroite, au bon plaisir administratif. A quelques égards cependant, la loi nouvelle est plus rigoureuse que l'ancienne, puisqu'elle défend des combinaisons qui autrefois n'étaient pas prohibées. Lorsque nous étions régis par le code de commerce, le conseil d'état pouvait autoriser des sociétés anonymes ayant moins de sept membres ou un capital divisé en coupures au-dessous de 100 francs. Le code consacrait trois articles à régler les conditions de cette autorisation du conseil d'état. Ces articles sont abrogés aujourd'hui par une disposition expresse de la nouvelle loi, et ces associations ne sauraient plus légalement se former en aucun cas. Si on voulait faire un pas vers la liberté, il ne fallait point répudier les avantages de la loi ancienne ; nulle raison ne demandait qu'on abrogeât des articles qui diminuaient la rigidité de notre législation commerciale. Le code de 1807 était depuis longtemps éprouvé ; il n'inspirait certes aucune inquiétude à ceux qui redoutent le plus les écarts de la liberté. Pourquoi ne l'a-t-on pas combiné avec la loi de 1867 en attribuant à l'un et à l'autre une sphère d'application séparée ? La répartition était aisée à faire. Les sociétés qui se seraient formées sans autorisation préalable auraient été régies par la nouvelle loi, celles qui n'auraient pas pu se soumettre à ces prescriptions se seraient constituées avec la permission du gouvernement.

Les restrictions dont le législateur de 1867 a entouré la commandite par actions et l'anonymat ont été non supprimées, mais relâchées pour les sociétés dont le capital ne dépasse pas 200,000 fr. La loi crée en effet un nouveau type de société sous le titre de *société à capital variable*, dont les caractères se résument ainsi : les coupures d'actions peuvent être abaissées jusqu'à 50 francs, et le versement du dixième seulement ou 5 francs est obligatoire ; mais ces actions restent toujours nominatives, même après qu'elles sont complètement libérées. La cession ne s'en fait donc jamais par transmission de la main à la main, et, pour être régulière, elle doit être inscrite sur les registres de la société. Tout associé peut se retirer à volonté, diminuer le capital social par sa retraite, et cette modification n'est soumise à aucune condition de publicité. La société à capital variable, qu'elle soit en nom collectif, anonyme ou en commandite, — car elle peut revêtir toutes les formes, — est toujours représentée en justice par ses administrateurs, ce qui dispense de mettre personnellement les associés en cause. Elle n'est pas dissoute, même quand elle est en nom collectif, par la mort, la retraite ou la faillite de l'un des associés, et continue de plein droit avec ceux qui restent. Il est évident par ces traits, — la discussion de la loi ne laisse d'ailleurs aucun doute à ce sujet, — que ces dispositions ont été faites en vue de faciliter la formation des sociétés coopératives. Comment se fait-il donc que le mot de coopération n'ait pas été prononcé ? Pourquoi a-t-on évité de dire le nom lorsqu'on réglementait la chose ?

Les rédacteurs ont voulu tenir compte de la susceptibilité qu'avaient montrée les partisans de la coopération toutes les fois qu'il avait été question de faire une loi spéciale sur les sociétés coopératives. Il leur semblait qu'une loi spéciale les mettrait hors du droit commun. Aussi réclamaient-ils une loi générale qui pût convenir à toutes les associations, aux coopératives comme à toutes les autres. C'est à ce vœu que répond la société à capital variable. Seulement le but a été dépassé d'un côté, tandis que de l'autre il n'était même pas atteint. Le but a été dépassé, parce que toutes les affaires jusqu'à 200,000 francs sont, n'eussent-elles aucun caractère coopératif, dispensées des formalités qu'on exige au-dessus de 200,000 francs. Il n'est pas atteint, parce que des sociétés coopératives peuvent avoir besoin d'un capital supérieur à ce maximum, même en commençant (témoin les tisseurs de Lyon), et que d'ailleurs le chiffre de 50 francs assigné pour minimum à la valeur de la coupure peut être une cause de gêne pour la formation de la plupart des affaires coopératives. En effet, s'il est vrai que, d'après la loi, le versement du dixième ou de 5 francs suffit pour constituer la société, n'oublions pas que, dans les petites associations, les associés procèdent ordinairement par cotisations hebdomadaires ou mensuelles de 50 cent, ou de 1 fr. On a confondu évidemment les lois spéciales avec les lois d'exception, et cette confusion, soutenue avec une animation excessive, a influé sur la rédaction des articles qui nous occupent. Une loi spéciale fait partie du droit commun lorsqu'elle n'exclut personne du bénéfice de ses dispositions. Alors même que tout le monde n'en profite pas de fait, elle n'est pas une loi d'exception, si légalement chacun peut l'appliquer. Ce qui est le caractère des lois d'exception, c'est qu'elles sont faites pour les uns à l'exclusion des autres, et ne peuvent profiter qu'à certaines catégories auxquelles il faut prouver qu'on appartient. Si une loi spéciale était indispensable pour le développement des sociétés coopératives, il ne fallait pas hésiter à la faire. Au fond cependant, nous sommes d'avis qu'il n'y avait qu'à proclamer la liberté des contrats. On y viendra bientôt, car la loi nouvelle rencontrera tant de difficultés d'exécution, qu'on ne tardera pas à demander et, nous n'en doutons pas, à obtenir qu'on la modifie. Que sont d'ailleurs les lois de 1863 et de 1867 ? Des étapes vers cette complète liberté des conventions. La logique ne permettra pas qu'on s'arrête, et, puisque le voyage est commencé, Il faudra bien qu'on arrive.

Dans notre déposition lors de l'enquête sur les sociétés coopératives, nous avons fait observer que le mariage, de toutes les sociétés la plus importante, n'est pas enfermé dans un cercle étroit, que, pour le règlement de leurs intérêts, les époux peuvent faire toutes les stipulations qu'il leur plaît. Si le code civil détermine avec précision les caractères généraux de certains régimes, c'est uniquement pour donner aux parties une formule abrégée de leurs volontés. Au lieu de faire des actes interminables, elles déclarent, par une expression dont l'effet est bien connu, qu'elles adoptent la communauté, la séparation de biens, le régime dotal. C'est une facilité, ce n'est point une limite, et, s'il leur convient de sortir de ces cadres, elles peuvent combiner les clauses de leur contrat, à la condition toutefois de ne pas blesser les règles qui dominent toutes les conventions. Pourquoi n'appliquerait-on pas aux sociétés commerciales ce qui n'est pas jugé périlleux en matière d'association conjugale ? Il suffisait de définir légalement en quoi consistaient les types de société les plus usités : le régime choisi par les contractai aurait pu alors être exprimé en deux mots ; mais il fallait ensuite ajouter que les associés pourraient adopter toutes les combinaisons qu'ils jugeraient opportunes, sans autres restrictions que celles qui sont toujours réservées dans l'intérêt de l'ordre public et des bonnes mœurs. Quelques formalités de publicité auraient suffi pour avertir le public de ce qu'il avait intérêt à savoir sur les conditions auxquelles la société était constituée. Quant à la responsabilité des engagements sociaux, les parties l'auraient promise grande ou petite, suivant le crédit qu'elles auraient désiré avoir. Il suffit de l'intérêt bien entendu pour déterminer le degré de responsabilité qui est nécessaire au succès d'une entreprise.

Le système que nous avons exposé devant la commission d'enquête fut soutenu par d'autres déposants en présence de la même commission. Il fut proposé au corps législatif par un amendement de M. E. Ollivier, amendement que la chambre a refusé de prendre en considération. Entre la proposition contenue dans cet amendement et celle que nous avions faite, il y a une grande différence. M. É. Ollivier se bornait à poser en principe la liberté de conventions, en la restreignant par trois ou quatre règles très simples. A ces quelques articles devait se réduire la loi, et il ne proposait pas d'offrir aux parties contractantes des types généraux qu'elles pourraient adopter comme une expression laconique de leurs volontés. Ce développement du système aurait cependant eu l'avantage de présenter une analogie avec le contrat de mariage. Les objections qui. ont convaincu le corps législatif reposent sur des distinctions fort ingénieuses sans doute, mais plus subtiles que profondes. On a dit, par exemple, que le mariage est un contrat perpétuel, et qu'il fallait donner plus de liberté à ceux qui s'engagent irrévocablement. Ainsi on accorderait pour le contrat de mariage, dans lequel toute faute est irréparable, plus de latitude que pour la formation des sociétés commerciales, dont la constitution, si elle est après essai jugée défectueuse, peut être modifiée d'un commun accord par les intéressés. Ce qui est vrai, c'est que le contrat de mariage est un acte auquel les parties réfléchissent mûrement, tandis qu'elles s'engagent souvent un peu à la légère dans les sociétés. C'est justement pour cela qu'il faudrait les habituer à être moins protégées et à veiller avec plus de vigilance sur leurs propres intérêts.

D'autres orateurs, raisonnant par analogie, ont invoqué l'exemple des règles qui régissent la vente des immeubles. Bien qu'il ait signé l'acte de transmission, le vendeur, s'il éprouve une lésion de plus de sept douzièmes, peut revenir sur la vente et la faire résilier. La liberté des conventions n'est donc pas illimitée, et, puisqu'elle trouve une limite en matière de vente, pourquoi n'en subirait-elle pas quelques autres en fait de société ? C'est un procédé de raisonnement peu acceptable que celui qui consiste à s'appuyer sur une exception pour en justifier une autre. Une exception, même lorsqu'elle est fondée, est au contraire un motif pour ne pas en admettre une seconde. Autrement le principe ne tarderait pas à être étouffé. Cette disposition du code qu'on invoque, c'est-à-dire la rescision de la vente pour lésion de plus des sept douzièmes, n'est d'ailleurs pas incontestée, et elle figure au nombre de celles que les économistes voudraient voir abroger. Fût-elle à l'abri de toute critique, cette faculté laissée au vendeur ne prouve rien quand il s'agit de sociétés. Nous demandons la liberté du contrat de société, et on oppose un contrat où la loi présume que le vendeur n'a pas été libre. Si le propriétaire a vendu en subissant une perte de plus de moitié, c'est qu'il était pressé par la nécessité, par un besoin d'argent imminent. Qu'a de commun cette situation avec la liberté de former des sociétés à des conditions discutées et acceptées sans pression de part ni d'autre ? La conclusion à tirer de ces critiques, c'est que la véritable solution du problème consiste à déclarer que les conventions sont libres en matière de société. Il suffirait de déterminer tout au plus un certain nombre de régimes pour donner aux parties la faculté d'exprimer par une expression claire et brève le système d'après lequel elles entendent s'associer.

La loi sur la suppression de la contrainte par corps, promulguée deux jours avant la loi sur les sociétés, a causé des inquiétudes aux commerçants et excité des regrets parmi les hommes de loi. Il y a du vrai et du faux dans ces réclamations. Le crédit commercial sera-t-il atteint par l'abolition de la contrainte par corps ? Voilà ce qu'il importe d'éclaircir. Que se passait-il en cas de cessation de paiements, lorsque la loi admettait la contrainte par corps ? Le commerçant insolvable était affranchi de la contrainte quand il obtenait un concordat de ses créanciers. Pour retomber sous le coup de la loi, il fallait qu'il ne payât pas le dividende promis. Reste le cas où les créanciers ne votaient pas de concordat. Ils faisaient alors vendre à leur profit les biens du failli, et ils demeuraient les maîtres, selon qu'ils le trouvaient ou ne le trouvaient pas excusable, de le soumettre à la contrainte par corps ou de l'en affranchir. Ils ne se refusaient guère à lui accorder la déclaration d'excuse, sauf lorsqu'ils le soupçonnaient d'avoir commis quelque fraude ou dissimulé une partie de l'actif. Or, s'il y avait fraude, la contrainte devenait un auxiliaire inutile de la poursuite criminelle. Le détournement d'actif fait d'un simple failli un banqueroutier frauduleux que la loi pénale, justement sévère, punit des travaux forcés à temps. La répression sur la poursuite du ministère public est assez bien armée pour qu'il soit inutile d'y ajouter la contrainte par corps à la demande de la partie. L'organisation de la faillite rendait donc inutile au commerce la mainmise corporelle, et, comme la législation des faillites et banqueroutes n'a éprouvé aucun changement par l'effet de la loi qui supprime la contrainte, nous sommes en droit de dire que les commerçants n'ont rien perdu et qu'il n'y a aucune cause de diminution pour le crédit. Le petit commerce, auquel on s'est beaucoup intéressé pendant cette discussion, n'en souffrira pas plus que le grand négoce. La loi sur les faillites est faite pour tous les commerçants, quel que soit le chiffre de leurs affaires. Au reste, c'est envisager la contrainte sous un jour faux que de la regarder comme un moyen de crédit à l'usage de ceux qui n'ont pas d'autre gage à donner que leur personne. Quel créancier prêterait, s'il craignait d'avoir à faire usage de cette voie d'exécution ? La contrainte par corps est une ressource que le créancier emploie en dernier lieu ; mais il n'y pense pas un instant, lorsqu'il livre son argent. La plupart du temps même il ne l'emploie pas, et, au lieu de faire incarcérer son débiteur, ce qui pourrait ajouter au capital perdu, il passe le montant de sa créance au chapitre des profits et pertes.

Est-ce à dire que la loi du 22 juillet 1867 mérite d'être approuvée sans restriction ? Elle a, selon nous, exagéré une mesure qui était bonne, et nous ne doutons pas qu'une réaction prochaine n'en modère la portée, car dans quelques cas la contrainte personnelle, si odieuse en général, était un ministre de la morale justement indignée. Mettre sous les verrous le débiteur insolvable, mais de bonne foi, est sans doute une mesure que la morale et la justice réprouvent. La loi déclare insaisissables les outils d'un ouvrier ; était-il conforme à l'esprit qui a dicté cette disposition de s'emparer de celui qui se sert de ces outils, de condamner au repos stérile un homme qui pourrait gagner sa vie en travaillant et de consommer la misère de sa famille ? Était-il même strictement équitable d'exercer une coaction sur la personne, afin de forcer ses parents, en réveillant leurs sympathies pour celui qui souffre, à payer des dettes qu'ils n'avaient pas contractées ? La situation est toute différente en présence d'un débiteur solvable, mais qui refuse d'exécuter ses engagements, et, à raison de quelque circonstance particulière, ne peut être contraint à les remplir. Tel serait celui qui, vivant du revenu de rentes sur l'état, — rentes qui sont insaisissables, — ne voudrait pas payer ses dettes, et aurait l'impudence de profiter aux dépens de ses créanciers d'une règle qui a été établie dans l'intérêt du crédit public. La contrainte par corps était, avant la nouvelle loi, le seul moyen de le forcer à rembourser ce qu'il empruntait, et aujourd'hui les créanciers se trouveraient désarmés devant ce débiteur malhonnête. Il fallait donc distinguer, comme le proposait l'auteur d'un amendement, M. Mathieu, entre le débiteur insolvable et le débiteur frauduleux, supprimer la contrainte à l'égard du premier et la maintenir contre le second. Poursuivre la fraude, épargner le malheur, voilà quelle était la solution véritablement morale, et on y reviendra au premier scandale qui froissera la conscience publique ; mais cette indignation était-elle si difficile à prévoir ? Personne n'ignore l'histoire de ce traitant fameux qui, vers la fin de la restauration, pour se dispenser de payer ses dettes, bien qu'il fût en mesure de le faire, aima mieux subir cinq ans d'emprisonnement. La distinction entre le débiteur frauduleux et le débiteur insolvable a été repoussée, parce qu'on a craint de donner aux juges un pouvoir d'appréciation trop voisin de l'arbitraire. Cette différence, disait-on, serait souvent difficile à saisir, et des orateurs qui ordinairement professent une grande confiance dans la magistrature ont cette fois déclaré qu'ils ne voulaient pas faire aux tribunaux le don d'une attribution aussi embarrassante. Ils n'ignoraient cependant pas que les juges avaient à faire la même appréciation en vertu d'une disposition fort ancienne. Lorsqu'un débiteur, pour échapper à la contrainte personnelle, proposait d'abandonner tout ce qu'il avait en gardant sa liberté, la loi l'admettait à faire cession de biens, s'il était de bonne foi ; mais son abandon n'était pas reçu, lorsqu'il était en faute, à plus forte raison s'il se réservait des ressources secrètes. Se plaignait-on de la pratique des tribunaux dans l'application de cet article ? Avait-on signalé des appréciations abusives sur la bonne ou la mauvaise foi des débiteurs en déconfiture ? Sans doute les bonnes lois posent des règles et laissent le moins possible à l'appréciation des juges, à *l'équité cérébrine*, comme disait Bacon ; mais la fraude doit être mise hors la loi, et pour la frapper il ne faut reculer devant aucun moyen, même devant l'appréciation des hommes qui sont chargés de juger. La fraude n'a pas de scrupule, elle n'a droit à aucun ménagement.

L'hypothèse que nous venons d'exposer faisait impression sur plus d'un adversaire de la prison pour dettes ; mais, comme la contrainte était condamnée en principe, ils cherchaient dans le raisonnement suivant un moyen de calmer leurs doutes. Entre le banqueroutier qui détourne une partie de son actif et le débiteur qui dissimule des valeurs au porteur ou qui profite de ce que les rentes sur l'état ne peuvent être saisies, la différence n'est pas grande. Qu'on ajoute quelques articles au code pénal pour étendre aux débiteurs frauduleux les peines de la banqueroute ; qu'on les punisse des travaux forcés à temps, puisque la déconfiture civile, quand elle est frauduleuse, n'a pas droit à plus d'indulgence que la faillite commerciale ! La répression des faits de cette espèce a sa place naturelle dans le code pénal, et la contrainte par corps peut, moyennant ce renvoi, disparaître sans inconvénient de la loi civile. Ainsi, pour procurer un traitement indulgent aux débiteurs sans pudeur, on les accablait de paroles sévères ; on se montrait à leur égard d'autant plus impitoyable dans les mots qu'on était décidé à être plus doux dans les actes. C'était agir à la manière de ces défenseurs qui, pour détourner une peine correctionnelle, cherchent à démontrer que le prévenu mériterait peut-être de grands châtiments, mais que la police correctionnelle est incompétente. Cette mesure rigoureuse n'est pas nécessaire, et l'excès en matière de répression doit être soigneusement évité. La contrainte par corps a suffi et suffirait encore pour combattre la fraude des débiteurs qui s'obstinent à ne pas payer. Pourquoi supprimer des dispositions anciennes, dont l'effet est assuré, en attendant des pénalités hors de proportion avec la moralité de l'acte ? D'un autre côté, créer une peine et un crime, c'est en confier la poursuite au ministère public, et par conséquent enlever au créancier lui-même la sanction qu'il pouvait personnellement requérir sous le régime de la contrainte par corps. Si le procureur impérial ne voulait pas mettre en mouvement l'action publique, la partie intéressée n'aurait aucun moyen de faire juger que son débiteur l'a fraudée, tandis qu'en maintenant la contrainte envers le débiteur de mauvaise foi on mettait aux mains du créancier une arme toujours disponible. Des difficultés s'élèveraient dès qu'il s'agirait d'appliquer la loi qui organiserait la banqueroute civile. Le débiteur condamné comme coupable du crime ou du délit de non-paiement sera-t-il remis en liberté, lorsqu'il offrira de payer ? Si la condamnation est irrévocable, le but est dépassé, puisque la peine est maintenue malgré le paiement. Si au contraire en payant le débiteur reprenait sa liberté, nous tomberions dans une nouveauté bien déplacée parmi les articles du code pénal. Pour la première fois on verrait un homme déclaré coupable de crime ou de délit échapper à l'exécution de la sentence. Ce serait l'exemple sans précédent d'un jugement qui condamnerait sous condition.

La contrainte par corps, elle, n'est pas une peine subordonnée à la poursuite du ministère public. C'est une voie d'exécution qui indirectement provoque le paiement de la dette, car elle force le débiteur à montrer ses ressources secrètes. Après le délai légal, après le délai maximum de la détention pour dettes, si le débiteur ne s'acquitte pas, il y a présomption qu'il n'a aucun moyen de se libérer, et, s'il en a, sa détention doit être considérée comme une véritable peine. Comme c'est une voie d'exécution employée par le créancier, elle est conciliable avec la mise en liberté après paiement, tandis qu'une condamnation sur la poursuite du ministère public ne pourrait point ne pas être irrévocable, alors même que surviendrait un remboursement.

Les deux lois que nous venons d'examiner ont été inspirées par de bonnes intentions. Les législateurs ont voulu affranchir les conventions de quelques entraves, et prouver qu'ils comprenaient le respect qui est dû à la liberté personnelle. Ils n'ont pas atteint le but en matière de société, et ils l'ont dépassé pour la contrainte personnelle. D'un côté, sous prétexte d'arrêter les manœuvres des malhonnêtes gens, ils ont maintenu ou créé des entraves qui gênent les gens de bien. De l'autre, par intérêt pour les débiteurs malheureux, ils ont désarmé la loi contre les débiteurs sans conscience. En étudiant ces lois, il est impossible de ne pas remarquer, au moins dans celle sur les sociétés, que la rédaction est quelquefois embarrassée. Plusieurs dispositions ne concordent pas entre elles, et d'un titre à l'autre, dans une loi de soixante-sept articles, les interprètes rencontrent assez de textes à concilier pour exercer les esprits les plus sagaces. Cette imperfection dans la rédaction de la loi est-elle un accident ? ne tient-elle pas à quelque cause permanente ? Les jurisconsultes expérimentés sont rares partout, ils le sont particulièrement au corps législatif, d'où l'exclusion des fonctionnaires a banni les magistrats et les professeurs, et où les hommes du barreau n'ont que peu de sièges à cause de la situation relative des partis. Quelques avocats d'un incontestable talent y représentent l'élément judiciaire ; mais, s'ils donnent de l'éclat aux séances publiques, comment pourraient-ils, avec la vie dévorante que leurs multiples obligations d'avocat et de député leur imposent, travailler avec soin et avec suite à la rédaction des lois ? On ne compte point parmi les députés assez d'hommes spéciaux tenant à honneur et ayant le loisir de se confiner dans la patiente élaboration des travaux législatifs. Les propriétaires et les industriels occupent presque toutes les places à la chambre. D'où leur viendrait l'aptitude de faire des lois en état de supporter l'examen des hommes expérimentés ? La constitution ne permettant pas aux fonctionnaires l'entrée au corps législatif, au moins faudrait-il parer à cet inconvénient par une préparation extra-parlementaire. Le conseil d'état, qui arrête la rédaction à présenter au corps législatif, ne contient pas les éléments que demande ce travail difficile. Si l'on y trouve beaucoup de membres qui se sont distingués dans l'application du droit administratif, les jurisconsultes habitués aux matières civiles et commerciales y sont clairsemés. C'est à peine si on pourrait en citer cinq ou six. Pour faire de bonnes lois, il ne suffit pas d'avoir l'esprit ouvert et prompt ; il faut une grande habitude de peser les intérêts, les droits et les rapports juridiques. S'il est impossible de composer autrement le corps législatif et le conseil d'état, qu'on use du système des commissions, tel qu'il est fréquemment pratiqué en Belgique ; qu'on leur donne une composition mixte, qu'on y appelle les représentants de la théorie et ceux de la pratique. Ainsi composées, ces commissions arriveraient à trouver des formules où les idées générales seraient dans une juste mesure alliées avec les besoins de l'application. L'esprit philosophique entrerait dans la rédaction des lois, et chasserait ces dispositions artificielles ou arbitraires qu'on trouve à regret dans presque tous les travaux de nos législateurs contemporains.

ISBN : 978-1717390585

www.ingramcontent.com/pod-product-compliance
Lightning Source LLC
Chambersburg PA
CBHW071130220526
45467CB00004B/2121